Juarez Bahia

Introdução à **Comunicação Empresarial**

MAUAD

Direitos desta edição reservados à
MAUAD Consultoria e Planejamento Editorial Ltda.
Av. Treze de Maio, 13, grupo 507 a 509
Tel e Fax: (021) 220-4451

Projeto Gráfico e Capa: ELZEVIR COMUNICAÇÃO GRÁFICA
Primeira revisão: Nair Dametto
Revisão final: Lúcia Beatriz da Silva Alves
Foto do autor (orelha): Larissa Grandi

CIP-Brasil. Catálogo-na-fonte
Sindicato Nacional dos Editores de Livros, RJ.

Bahia, Benedito Juarez, 1930 -
B135i Introdução à Comunicação empresarial / Juarez Bahia. — Rio de Janeiro: Mauad, 1995

Inclui Bibliografia.

1. Comunicação na administração. 2. Comunicação nas organizações. I. Título.

CDD - 658.45
95-0964 CDU - 658.012.45

"Os problemas que prendem a atenção dos homens mudam, e não mudam por acaso, mas quase sempre de acordo com as mutáveis exigências da sociedade e da economia".

Paul F. Lazarsfeld e Robert K. Merton
(*in Cultura de massa*,
Editora Cultrix, 1973,
São Paulo.)

Índice

Apresentação

No mundo atual, cada campo da comunicação adquire dimensão própria. É a especialização ou a segmentação, como se faz no jornalismo, para facilitar a troca de informação através dos sistemas disponíveis no mercado.

O que se denomina comunicação empresarial é, assim, o conjunto de modelos ou instrumentos de ação que a empresa utiliza para falar e se fazer ouvir. Interna e externamente, a informação prestada por ela corresponde a uma estratégia.

Como todo tipo de comunicação com um público, a comunicação empresarial não pode permanecer indiferente às mudanças tecnológicas. Ao contrário, deve recorrer ao arsenal de tecnologia à sua disposição para cumprir metas.

Os sistemas de informação evoluíram pouco nos últimos 60 anos, mas, desde o avanço da informática, conjugam recursos satisfatórios para integrar empresas e modernizá-las, via reengenharia, a caminho da qualidade total.

Nesse sentido é que se expressam as estratégias de comunicação, isto é, os sistemas ou modelos montados pela empresa para fornecer informações, interna e externamente. Como se faz essa montagem e como ela opera, são questões que procuramos responder.

Começamos pelo papel da empresa na sociedade moderna, o que é comunicação interna e comunicação externa, quais as funções das assessorias, etc. Mostramos também como é necessária a informação para a empresa, suas vantagens e sua ética.

É preciso recordar que na origem da estratégia de comunicação da empresa está o jornal ou revista de circulação interna, primeiro modelo estruturado de informação, capaz de sedimentar relações de todo gênero, até o advento de outros recursos, como as assessorias, e de outras técnicas.

A comunicação empresarial – informar empregados, acionistas ou consumidores, governo, etc –, com eficiência e objetividade, tornou-se uma função complexa e passou a ser objeto de disciplina escolar. Tornou-se uma necessidade, mais exigida à medida que cresce a responsabilidade social das empresas e dos empresários.

Os conceitos aqui desenvolvidos buscam orientar profissionais, estudantes e pessoas em geral envolvidas com informação empresarial. Numa linguagem direta, procuram estabelecer valores e modos de conduta para facilitar as relações da empresa com a sociedade.

Abordamos os sistemas de informações gerenciais para distingui-los dos sistemas de informações públicas, nosso principal objetivo. Mas, tanto em um caso como no outro, consideramos importante para a empresa situar o valor da informação e a sua ética.

No Brasil e em todo o mundo, são crescentes os investimentos em comunicação pelas empresas, visando a fatores como criatividade e eficiência, mas, principalmente, vendas e lucros. A empresa procura produzir riquezas e distribuir renda, associando-se ao desenvolvimento do país.

Tome-se como exemplo a empresa corporativa, mais conhecida como empresa de marcas. Nela, o modelo de comunicação compreende uma política de marketing que se divide em institucional (fortalecimento da imagem) e promocional (competitividade para se expandir no mercado).

Para realizar seus objetivos, requer uma política de comunicação planejada e criativa, ampla e eficiente para cobrir campanhas publicitárias, participação em feiras e exposições, e patrocínio de eventos e atletas. Uma estratégia que reflita para o público e o mercado um processo interno de valorização dos recursos humanos.

Nesse ponto, convergem os sistemas de informações interno e externo. De um lado, informações gerenciais aptas a prover decisões fundamentais; de outro lado, informações para o público compatíveis com a realidade empresarial. E que sejam úteis para um universo que vai do seu funcionário aos veículos de divulgação, do seu acionista ao governo.

Desta maneira, a estratégia de comunicação da empresa ou corporação de empresas tende a valorizar suas marcas em mercados dinâmicos; aprimorar a gestão corporativa; conciliar rentabilidade, liquidez e produtividade; somar um marketing forte a uma sinergia nos negócios; e também acrescentar à transparência dos produtos os indispensáveis elementos de qualidade que os tornam bem aceitos: idoneidade das marcas; consciência social; responsabilidade ambiental; espírito inovador; tecnologia avançada, etc.

Como se vê, é amplo o horizonte da comunicação empresarial. Compreende um complexo de estratégias informativas que não se limita a ocasionais ingressos no noticiário do jornal, da revista, da TV ou do rádio, nem a eventuais sucessos de relações públicas.

Na verdade, a inserção econômica, política e social da empresa está em jogo, cabendo ao empresário desenvolver a consciência ética nos negócios, de forma convincente para todos: a empresa, a opinião pública, o empregado, os acionistas, as instituições decisórias, os meios de comunicação de massa, o mercado, etc. Para isso, são indispensáveis estruturas de informação que atuem profissionalmente.

Juarez Bahia

Comunicação Empresarial ou Rede de Informações de uma Empresa

Comunicação empresarial implica uma estratégia a ser praticada de modo competente.

Comunicação empresarial ou rede de informações de uma empresa

Existem diferentes formas de comunicação – e a empresarial é uma delas.

Resumidamente, comunicação empresarial é o processo – conjunto de métodos, técnicas, recursos, meios, etc. – pelo qual a empresa se dirige ao público interno (seus funcionários) e ao público externo (seus consumidores).

Quando a empresa constitui um elemento de comunicação com a sociedade, alcança especializações como relações públicas, jornalismo, publicidade, marketing e outras áreas. E, assim, passa a ser um pólo de informações.

Podemos compreender comunicação como um processo social básico, e informação como um processo básico da comunicação. Em ambos os casos, comunicação empresarial implica uma estratégia a ser praticada de modo competente.

Porque consubstancia informações internas e externas, pensamento e ação, sugestões, críticas e demandas de todo tipo, a comunicação empresarial deve ser considerada um complexo cultural ou uma rede de notícias.

A comunicação empresarial insere-se num conceito de permanência, e deriva da cultura da empresa. Isto quer dizer que, quanto mais esclarecida for a empresa sobre o seu papel social, mais apta estará a informar.

A rede de informações de uma empresa não se limita a praticar técnicas de comunicação. Mais do que isso, faculta à organização o contato direto com seus públicos, de forma a saber o que os empregados e os consumidores pensam ou querem.

Tendo por objetivo a melhoria de produto ou de serviços, a valorização dos recursos humanos ou a construção de imagem compatível com a confiança do mercado, a empresa pode investir para ser bem informada e para informar bem.

A comunicação interna e a comunicação externa são os tipos de ações mais importantes na estratégia da empresa. Podem ser exercidas simultânea ou paralelamente, esteja a empresa dedicada à indústria, ao comércio ou ao serviço.

Comunicação interna é a que se verifica entre a organização e seu pessoal. Comunicação externa é aquela que abrange consumidores, clientes, fornecedores, acionistas e o público amplamente afetado por jornal, revista, rádio, televisão, agência de notícias, etc.

Tanto a comunicação interna quanto a comunicação externa são essenciais no âmbito da empresa. É importante para o empresário tanto a opinião dos seus funcionários sobre o que produzem, quanto a opinião do mundo exterior, influenciado pelos mais diversos fatores.

Essa convergência que se observa no interior da empresa – a anotação e a especial atenção às sugestões, queixas ou opiniões internas e externas – influi para fortalecer decisões e é fundamental para reciclar, vitalizar objetivos de melhoria de produtos ou de serviços.

Um sistema efetivo de comunicação empresarial – e não de simples divulgação de comunicados para efeitos interno e externo – deve consubstanciar contatos diretos com os empregados e com o universo de consumidores, fornecedores, acionistas, clientes, etc., seja um público específico, seja um público restrito como o governo.

O âmbito desse sistema depende sempre do âmbito da empresa. Na medida em que amplia o seu universo, a organização mais se qualifica para gerir complexidades ou circunstâncias do seu aparato de informações. Deve saber, portanto, como usar a sua rede.

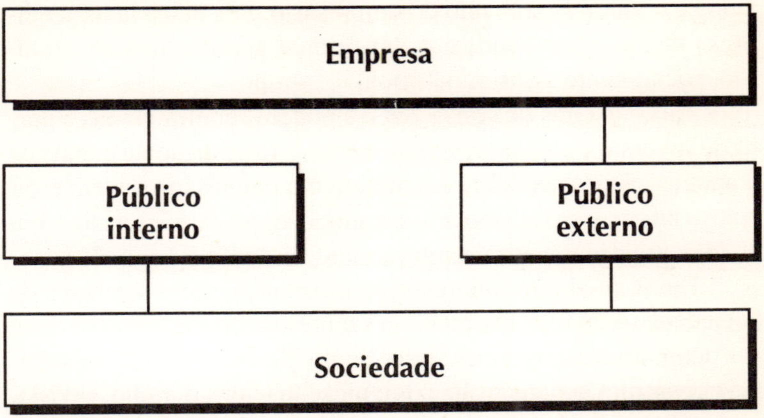

No caso das relações com o público interno, a comunicação empresarial muitas vezes é frustrante. E com o público externo, não raro é improfícua. Embora envidem esforços para alcançar seus objetivos, as empresas esbarram em dificuldades e não atingem um padrão de boa comunicação.

Comunicação eficaz

Concretamente, para que sejam eficazes, sistemas ou estruturas de comunicação empresarial precisam ter consistência profissional, adequada apresentação, compatibilidade de pensamento e ação, e bi-direcionamento. Esse processo deve ser genuinamente benéfico para a empresa, os empregados e os consumidores (ou público externo).

Um sistema de comunicação empresarial deve se guiar e se orientar a partir de conceitos que são comuns à informação e aos negócios. Como, por exemplo, o fato de que tanto a empresa quanto a mídia desempenham funções vitais no progresso e no desenvolvimento da sociedade moderna.

No entanto, a sociedade nem sempre demonstra conhecer o exato papel da livre empresa – os seus problemas, os seus resultados e o valor do trabalho do empresário. Por outro lado, a empresa muitas vezes tende a isolar-se ou a praticar atos de exclusão, socialmente discriminatórios.

Tais barreiras de compreensão podem ser eliminadas a partir de diversas práticas, e, seguramente, a instituição de canais de comunicação é uma delas. A empresa e o empresário devem estar aptos a informar os cidadãos e as organizações políticas e sociais sobre as suas atividades, assim como expor as suas idéias e opiniões.

Desse modo, no interesse da informação e no interesse da sociedade, o espaço reservado à empresa e ao empresário deve ser ocupado sem preconceito ou limite. A empresa e o empresário encontram nos meios de comunicação – jornal, rádio, revista, televisão, publicidade, etc. – os canais de acesso à opinião pública.

A empresa e o empresário buscam nos meios de comunicação, em geral, compreensão e reconhecimento para os seus produtos, serviços e idéias ou opiniões. Aspiram a um lugar do qual possam falar e influir, e também a uma imagem real entre os cidadãos.

Justifica-se, assim, a existência de um sistema de comunicação que se move para aproximar o empresário e a empresa da sociedade, e, no mesmo sentido, a sociedade do empresário e da empresa. Não é uma função de amortecedor ou de pára-choque, e sim de intermediação responsável, adequada à realidade social.

Formas de comunicação

São formas, instrumentos ou veículos de comunicação interna: a assessoria de imprensa ou de comunicação; os produtos (jornal, revistas, gravação, vídeo, etc.) que a empresa edita para distribuição interna; os boletins informativos para conhecimento dos empregados e aqueles que procedem dos órgãos federativos para os empresários.

Na comunicação externa: as funções dirigidas pelas assessorias de imprensa ou de comunicação, tendo em vista audiências e ambientes exteriores; as publicações dirigidas a autoridades governamentais, outras instituições, acionistas e público em geral; a edição de trabalhos e informes, anuários, balanços, etc.; as produções audiovisuais que visam a afetar a opinião pública; as campanhas de relações públicas, mensagens publicitárias; as jornadas empresariais ou interempresariais com o objetivo de trocar experiências e repassar diretrizes comuns; as relações com os meios de comunicação de massa; as informações que a empresa emite para uso em jornais, emissoras de rádio e televisão, revistas e outros veículos de divulgação.

Rede de informações

O conceito de rede de informações da empresa desenvolve-se a partir do fluxo de comunicações internas e externas. O empresário acompanha os fatos correntes da realidade da organização, conhece as questões mais sensíveis do seu setor e decide com base em estudos, informes, trocas de opiniões, relatórios, memórias, produções audiovisuais, etc.

Serviço de recortes

Um produto antigo e comum às assessorias de imprensa ou comunicação assume importante papel nesse contexto: o serviço de recortes – *press clipping*. O bom nível de informação no âmbito da organização se completa com o acompanhamento dos noticiários, cabendo estabelecer um fluxo de notícias de fora para dentro e de dentro para fora.

Aí se verifica, mais uma vez, o acerto do conceito de rede de informações no âmbito empresarial. De um lado, as informações já publicadas são avaliadas e, de outro lado, propõem modificações ou extensões em novos ângulos de interesse. Assim, a notícia ganha ida e volta em torno de assuntos políticos, econômicos, trabalhistas, sociais, culturais, esportivos, tecnológicos, governamentais, etc., seja de um ponto de vista local, regional ou internacional.

Esse trabalho de assessoria relaciona para os setores decisórios da empresa os assuntos, temas ou indicadores de interesse imediato, isto é, que têm relação direta com a organização. Em ordem de importância, seleciona o material complementar, objeto de consulta posterior, de arquivo ou de simples referência.

Os recortes devem ser analisados sublinhando-se os temas ou pontos mais significativos, em relação ao universo da empresa. A análise deve abordar ainda notícias envolvendo concorrentes, áreas de produção e comercialização afins, áreas de atuação e políticas correlatas. Outros aspectos – como comentários ou pesquisas secundários – podem ser destinados ao banco de dados.

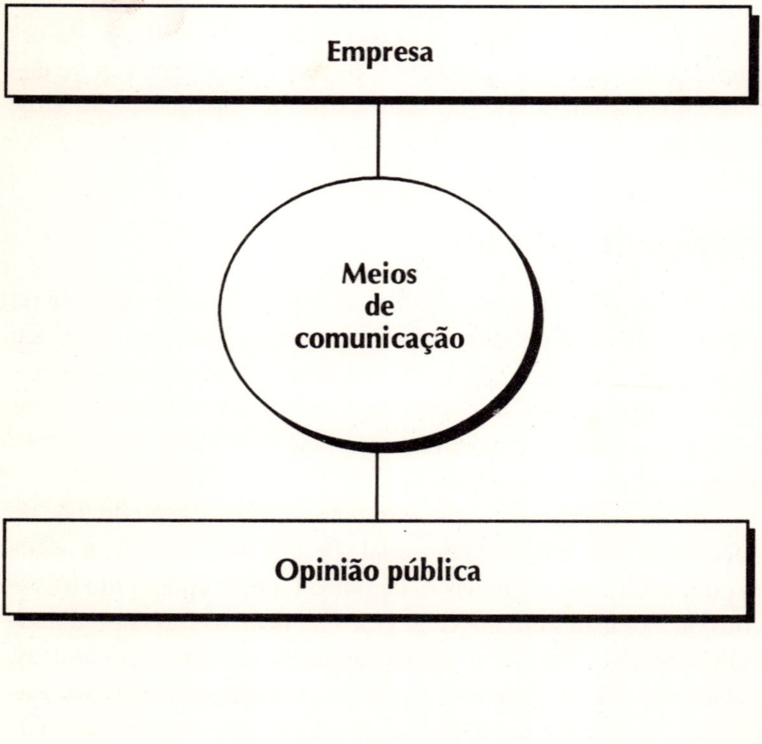

Os Meios de Comunicação na Sociedade Moderna

A informação na sociedade moderna se relaciona diretamente com o desenvolvimento. De tal modo, que a sua inexistência ou a sua irregularidade produz um sentimento de frustração coletiva e de involução social.

Os meios de comunicação na sociedade moderna

Para se obter uma estratégia de informação que sirva à organização empresarial, é necessário conhecer em profundidade o significado e a função dos veículos de comunicação. São eles os intermediários das relações entre a empresa e a opinião pública.

Os meios de comunicação – instituições que, em seu conjunto, designam a comunicação de massa – ocupam lugar decisivo na sociedade. Sua ação interage com fatores políticos, econômicos, sociais, culturais, tecnológicos, éticos, sociológicos, psicológicos, etc.

Princípios do processo informativo

O processo informativo, a partir da sociedade industrial, evoluiu para um processo cultural, norteado por princípios que, tanto na comunicação individual quanto na comunicação coletiva, requer níveis de participação ou interação. Eis alguns dos seus princípios:

- Derivada do latim *communicare*, a palavra comunicação quer dizer partilhar, repartir, trocar opiniões, associar, tornar comum.
- A comunicação de massa – basicamente dirigida a um público amplo, heterogêneo e anônimo – requer vínculos técnicos, desde uma economia de mercado a fontes organizadas.
- É pelo objetivo da fonte que se delimita o tipo de comunicação: se é de massa ou não; se é dirigida, empresarial, externa, institucional, intergrupal, interna, interpessoal, etc.

- A comunicação de massa atua para satisfazer uma audiência, mas também para desempenhar funções intermediárias, mediadoras ou esclarecedoras no processo de controle social.
- A idoneidade e a confiança que os veículos de comunicação refletem são fatores influentes. Contribuem para a saúde das instituições sociais e para reforçar aspirações comuns da sociedade e das forças de produção.
- O resultado da comunicação depende do meio que a divulga. Em uma ponta, permanece mais o que se diz do que quem o diz – *sleeper effect.* Em outra ponta, a mensagem pode provocar efeitos contrários aos desejados pelo seu emissor – efeito bumerangue.
- Os grandes veículos tendem a influenciar mais quando se trata de obter da audiência adesões a questões inéditas em comparação com questões já conhecidas.
- Os meios de informação tornam-se mais eficientes se atuam cumulativamente, associando suas mensagens a influências de outras instituições. São mais produtivos se mais cooperativos, e não quando agem isolada ou arbitrariamente.

Representação esquemática da comunicação

A representação esquemática simples da comunicação pressupõe *emissor* ou fonte – *mensagem* – *receptor* ou alvo. Ao selecionar as informações, o receptor considera múltiplos fatores, as mais das vezes psicológicos – como caráter, personalidade, etc. Sexo, idade, ambiente, origem social e outras causas influem também.

O receptor é considerado ainda pelo nível cultural, pela situação social, econômica, política. É através da informação que as pessoas tomam conhecimento do que ocorre no mundo e acompanham fatos que afetam suas vidas.

A posição que o receptor ocupa na estrutura social e política tem valor diferente, se ele é parte de uma elite ou se é carente

— de difícil acesso a padrões de consumo e valores de bem-estar. O grau de educação é outro parâmetro que pesa.

Os veículos de comunicação de massa exercem inequívoca pressão sobre a sociedade, em geral, e a sua audiência, em particular. Em primeiro lugar, afetando líderes de opinião e, em segundo, alcançando subseqüentes parcelas de público, especialmente aquelas que se orientam por eles.

<table>
<tr><td rowspan="2">Emissor</td><td>Mensagem</td><td rowspan="2">Receptor</td></tr>
<tr><td>Canal,
Meio ou
Veículo</td></tr>
</table>

Representação esquemática da comunicação que se processa entre um emitente e um recebedor: significa a produção da mensagem por alguém e a recepção dessa mensagem por alguém. Na emissão, está a fonte e na recepção, o destinatário; e aquele que transporta a mensagem é o canal, meio ou veículo.

Podem ser identificadas aí duas correntes: uma, de informação direta, vertical; outra, de informação indireta, horizontal. Aquela, que se apropria da mensagem como sendo o objeto da emissão; e esta, que a recepciona diluída pela interpretação ou conveniência de quem a retransmite.

Comunicação especializada

Em seu contexto econômico e social, comunicação empresarial desenvolve ou desdobra o significado de comunicação especializada. Não parte do particular para o universal, e sim do universal para o particular, condicionando-o aos interesses e aos limites de sua proposta.

Essa qualidade do que se tem por notícia da empresa suscetível de afetar a opinião pública coincide com a neo-oralidade, o crescente impacto dos audiovisuais, as mudanças tecnológicas, a expansão da empresa e dos sistemas de intercâmbio e controle social.

A especialização incorpora-se à informação por via da seletividade. O conceito de seleção amplia o conceito de interesse geral que, por tradição, move-se no âmbito da opinião pública para atribuir valor aos fatos antes discriminados pelo segredo, pelo preconceito ou pelo silêncio.

Ao se capacitar socialmente e ao se tornar de domínio público – isto é, cada vez menos privada do que sua origem a definia – a empresa busca apoio na comunicação ora para se revelar, ora para se justificar, ora para participar.

Por mais abstrata que seja, a opinião pública é o alvo principal da comunicação empresarial, além da sua relação primária com a audiência interna – funcionários, empregados ou parceiros. Seja pública ou privada, a empresa não pode subestimá-la, e vai buscá-la na audiência cativa da televisão ou nos pontos de vendas.

Veículos de Comunicação	**Mercado** **Público** **Competitividade** **Liderança** **Prestígio** **Pressões** **Influência** **Debate** **Idéias** **Pesquisa**	**Televisão** **Rádio** **Jornal** **Revista** **Documento** **Publicidade** **Agências de notícias** **Cartazes** **Folhetos** **Audiovisuais** **Pontos de vendas**

Público e opinião pública

A expressão *público* quer dizer um grupo de indivíduos para os quais se destina determinada mensagem (seja ela artística, publicitária, jornalística, etc.). É também uma audiência, um auditório, uma reunião de pessoas às quais se dirigem as ações de uma empresa ou outra organização.

Opinião pública, por sua vez, emerge de uma acepção jurídica comum aos gregos e romanos na Antiguidade: *consensus populi.* Na Idade Média, o abade de Tours evocou numa carta a Carlos Magno o ditado *vox populi vox Dei.* Maquiavel ampliou a sentença no seu *Discursos.* E Rousseau, no século XVIII, associou ao termo a vontade do povo e a origem da soberania e das leis.

Amplas comunicações, livres debates, diálogo aberto em busca de opiniões ou decisões, intercâmbio de idéias concorrem para reforçar a opinião pública. Sua forma é, em geral, um estado de consciência, e seu conteúdo, um processo caracterizado por princípios ou sentimentos gerais e de fácil recepção.

Nesse horizonte das relações da sociedade com os meios de comunicação, há que se destacar o fato de que cada um deles – jornal, revista, rádio, televisão, livro, propaganda, agência de notícias, cinema, etc. – desempenha o seu próprio papel, cabendo à televisão uma influência maior.

Televisão, imprensa e rádio

A televisão, popularizada como mídia eletrônica, e a imprensa, como mídia impressa, operam no mercado como os meios mais aptos para produzir efeitos na audiência. A televisão acentua sua penetração nas camadas mais numerosas da população, e a imprensa, nos setores mais esclarecidos, naqueles que acumulam leitura com prestígio social.

Também a televisão e a imprensa adquirem maior referência educativa em comparação com o rádio, por exemplo. Estatísticas oficiais dão o rádio e a televisão como os preferidos das mulheres e a imprensa como a preferida dos homens.

Como portadora de eficácia da mensagem, a televisão ganha do rádio e da imprensa. É também maior a influência da televisão nos países em desenvolvimento do que nos desenvolvidos; entre os menos cultos do que entre os mais cultos; e nos países em que a liberdade de expressão é mais limitada em relação aos países em que constitui garantia para todos os cidadãos.

Por sua vez, é preciso lembrar a força de difusão das agências de notícias. Sua produção ininterrupta – 24 horas ao dia – chega aos jornais, revistas, emissoras de rádio e televisão, e outros assinantes privilegiados, como o governo, por exemplo, e agências estatais e não-governamentais.

De qualquer forma, a informação na sociedade moderna se relaciona diretamente com o desenvolvimento. De tal modo, que a sua inexistência ou a sua irregularidade produz um sentimento de frustração coletiva e de involução social. Quanto mais freqüente, mais exata e mais rápida a informação, maiores os benefícios sociais dela decorrentes.

A informação é, portanto, fator fundamental para o progresso social, político, cultural e econômico. Quanto mais desenvolvida a sociedade, maior a sua taxa de interações de comunicação entre seus membros, em benefício de mais informações e de melhores decisões.

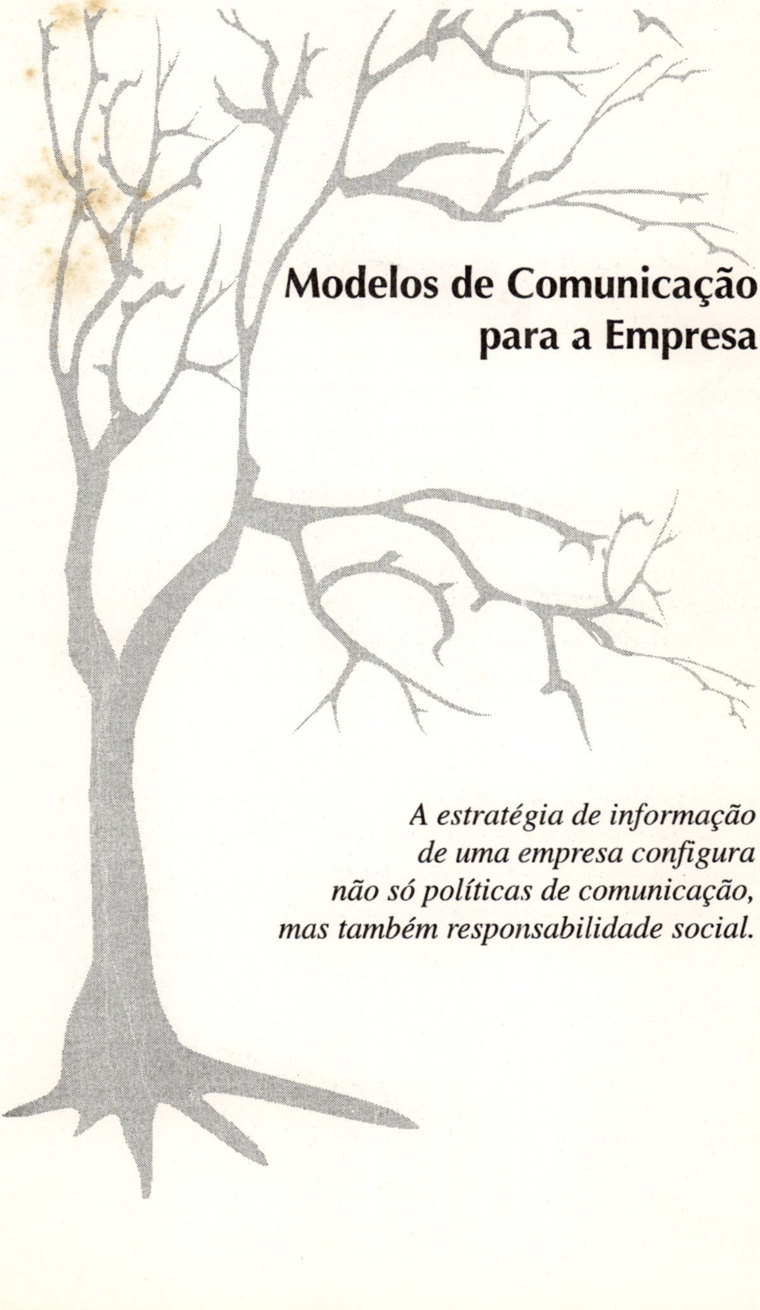

Modelos de Comunicação para a Empresa

A estratégia de informação
de uma empresa configura
não só políticas de comunicação,
mas também responsabilidade social.

Modelos de comunicação para a empresa

Tendo em vista uma estratégia de informação para a empresa, estes itens são básicos:

- Comunicação interna.
- Comunicação externa.
- Assessorias e porta-voz.
- Os meios de divulgação.
- Informação e publicidade.

Tais pontos consideram, em geral: a) a comunicação entre os empresários e suas empresas, e b) a comunicação dos empresários com a opinião pública (desde os veículos de divulgação, até os setores sociais decisórios ao público). Cada um dos itens aí enunciados consubstanciam funções profissionais, cujos requisitos primordiais são qualidade e competência.

Comunicação interna

Deriva da necessidade de transmitir ao público da casa, com freqüência e clareza, o pensamento e ação da empresa, destacando-se as posições que assumem seus dirigentes e a consciência da função social que têm.

Deve o empresário dar prioridade à informação? Sim, porque só desta forma habilitará suas audiências interna e externa a conhecerem a realidade da empresa. É por este caminho que poderá fortalecer os vínculos sociais da sua organização.

A mensagem empresarial paga é, no jornal e na revista, o anúncio, o informe; no rádio, o "jingle", o "spot"; e na TV, o comercial, uma espécie de estrela do intervalo. Apoiados em verbas crescentes, esses tipos de comunicação movimentam milhões de dólares. Uma dotação econômica cujo alcance envolve arte e engenho para aliciar sonhos e anseios dos consumidores.

Contudo, técnicas e meios, freqüentemente aperfeiçoados para tornar o comercial eficaz, podem desaguar na propaganda enganosa e outras formas de manipulação destinadas a violar os direitos do consumidor. Nesse caso, não basta esperar da empresa uma reação ética voluntária, e sim exigir reparações que a legislação assegura.

Fatos, eventos, transações, iniciativas, promoções, etc. constituem uma rede de informações natural na empresa. Através de especialistas em comunicação, esses acontecimentos podem ser classificados ou selecionados para efeito de difusão.

Eventuais temores ou restrições das empresas e dos empresários sobre a divulgação de suas atividades podem ser contestados mediante a convicção de que é relevante conhecer a realidade do empreendimento, do que este significa para os empregados e para os consumidores, para o mercado e para a opinião pública.

Com isto, observa-se uma mudança no comportamento empresarial: o silêncio cede lugar à informação, quanto mais ampla melhor. É claro que a empresa não abre mão do que convém divulgar ou fazer chegar aos veículos, mas deve observar sempre o conceito de informação como necessidade social.

Essa consciência do empresário serve ainda para aproximá-lo dos veículos. Ele deve conhecer melhor o jornal, a revista, o rádio, a televisão, a publicidade e outros instrumentos de difusão, e saber preparar-se para conviver com perguntas indiscretas que apesar disso não dispensam respostas inteligentes.

Deve o empresário dizer uma coisa ao público interno e outra ao público externo? Obviamente isto seria um erro e uma ação prejudicial à empresa. A comunicação interna é um modo de difundir entre os empregados a realidade da empresa, de ampliação dos laços de identidade funcional, de prestação de informações e de estímulo ao debate da realidade social, sem intermediários.

Comunicação externa

Nesse processo se incluem toda veiculação de informações e todos os comunicados emitidos pela organização empresarial para um público ou uma opinião pública fora dos limites internos. Em geral, o uso que a empresa faz dos meios de comunicação para o fim de tornar conhecidas as suas mensagens.

No âmbito das relações humanas e sociais, como acontece na sociedade moderna, a comunicação externa originária da empresa adquire um conteúdo institucional que abrange o conhecimento entre os empresários, a troca de experiência, a identidade tecnológica e os fatores essenciais de mercado, de produção e de consumo.

O que no passado se restringia a uma comunicação bilateral, modernamente está configurado como uma comunicação multilateral. A empresa e o empresariado se movem não num círculo de vizinhos, e sim num universo de nações que conjuga complexos procedimentos tecnológicos e sucessivas interações sociais.

Em uma sociedade democrática, a empresa assume um papel que não se distingue muito do papel dos cidadãos. O direito à informação considera um permanente fluxo de oferta e demanda, tão necessário para os indivíduos quanto para as organizações ou os grupos, sejam políticos, econômicos, ou outros.

Os empresários e suas empresas formam um desses grupos e estão cada vez mais conscientes do seu papel no desenvolvimento da sociedade. Portanto, devem participar da formação da opinião pública, opinar e ser criticados, esclarecer posições e justificar atitudes.

A comunicação externa em uma empresa deve estar disponível para as questões procedentes dos meios de comunicação, como ocorre com outros tipos de informação institucionalizada, pública ou privada. Há aí uma relação de interesses que não pode ser subtraída: a empresa quer a difusão da notícia, e o veículo quer ser o seu portador. Ambos têm por meta o público.

Por outro lado, tanto pela natureza quanto pela espécie do que se propõe a divulgar, seja por meio do seu sistema (cartas de notícias, boletins, publicações especiais, etc.), seja por meio dos veículos de comunicação social, a empresa deve privilegiar, além do público específico, os setores difusos da sociedade, como consumidores e donas de casa em geral, escolas, trabalhadores, sindicatos, universidades, partidos políticos, igrejas, organizações governamentais e não-governamentais, isto é, aqueles setores sociais de influência aos quais se dirigem as ações institucionais.

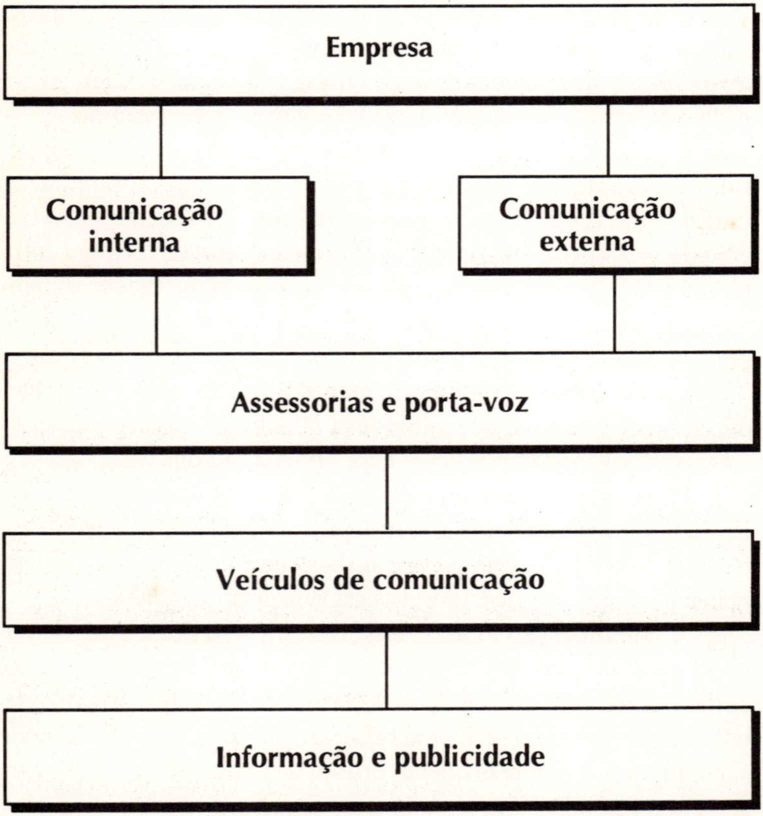

Assessorias e porta-voz

Uma assessoria de comunicação tem como tarefa orientar a empresa sobre o que convém e o que não convém informar, tendo por princípio dizer sempre a verdade. Trata-se de uma especialização profissional que conjuga uma visão global da organização e um conhecimento adequado dos veículos.

As assessorias são, em geral, de comunicação (mais amplas, abrangendo meios impressos e audiovisuais, relações públicas, mercadologia, publicidade, etc.) ou de imprensa (mais restritas, sem vínculos com relações públicas, mercadologia e publicidade). São denominadas, também, departamentos de comunicação ou de imprensa.

A informação especializada em assessoria é uma atividade jornalística definida em lei, mas ainda sujeita a interpretações imprecisas, seja por parte dos próprios jornalistas, seja por parte dos empresários. Contudo, isso não impede a sua evolução.

A assessoria é o serviço que na organização empresarial distribui as informações para o público interno e o público externo, orientando o seu fluxo da fonte para os veículos e destes para a fonte, através do acompanhamento do noticiário ou *clipping*.

Assim, além de buscar na empresa as informações publicáveis e de elaborá-las para distribuição aos veículos, a assessoria articula produtos convencionais, como a edição de jornais ou revistas internos, contatos com os meios, material para rádio e televisão, e facilita o acesso de dirigentes às notícias.

Encarregada de informar os empresários sobre a atualidade, por via de leitura e análise do que é divulgado, a assessoria prepara textos de apoio, notas de esclarecimento, vídeos e gravações especiais, sinopses e súmulas ou resumos, listagens e dados, arquivos para informação escrita, audiovisual e fotográfica, etc.

Uma assessoria ou um departamento de comunicação absorve tanto as funções regulares da assessoria de imprensa quanto as áreas de relações públicas, publicidade e mercadologia. Engloba, portanto, objetivos de construção de imagem pessoal ou institucional, de comercialização de produtos e serviços, num cenário bastante amplo de participação social da empresa.

A estratégia de informação de uma empresa configura não só políticas de comunicação, mas também responsabilidade social que, em muitos casos, deriva das ações e funções de uma assessoria ou um departamento especializado. Por isso é salutar o seu trabalho de interpretação crítica e seletiva do ambiente que cerca a organização.

A atividade orgânica e estrutural de uma assessoria, ou um departamento de imprensa ou de comunicação, pode ser a via pela qual a empresa detecta sinais ou indícios de mudança nas camadas da sociedade idealmente usuárias de seus produtos ou serviços. Seu acesso aos mecanismos decisórios ajuda a identificar acertos ou erros, e contribui para soluções.

Muitas vezes, como elemento complementar, o organograma de comunicação empresarial insere um porta-voz. Apesar de desaconselhável em um cenário de atuação prática da assessoria de imprensa ou da assessoria de comunicação, o porta-voz existe, amplia o seu campo e até seduz instituições privadas e públicas.

No caso da comunicação empresarial, o porta-voz costuma atuar como o mais credenciado intérprete da organização, e não simplesmente como um delegado do poder decisório. Comumente, é o presidente ou o executivo mais qualificado que assume esse papel, situando-se entre a assessoria e os veículos.

A divulgação sistemática e regular dos acontecimentos do mundo empresarial pelos meios de comunicação de massa estimula certas lideranças empresariais a disputar espaço e tempo no jornal, na revista, na televisão e no rádio. O porta-voz se habilita a falar não só para valorizar a empresa no contexto sócioeconômico, mas também para opinar ou para exercer pressões.

Contudo, convém que o porta-voz conheça e aplique regras básicas na relação entre entrevistados e repórteres, a fim de evitar deslizes. Outras vezes, porém, é o empresário o interlocutor mais competente para levar à sociedade a mensagem de sua empresa como agente econômico.

O empresário deve ter por hábito o contato com jornalistas e outros profissionais da comunicação, mas é útil à sua empresa e à opinião pública que saiba o momento certo de aparecer na televisão, no rádio, no jornal ou em outro veículo. Quanto mais endossar a ação de sua assessoria, melhores resultados terá.

Como fonte, o empresário (atuando como porta-voz ou por via da assessoria) pode manter um relacionamento saudável com os veículos: umas vezes, procurando o jornalista para fornecer notícia; outras vezes, ajudando-o a concluir uma matéria, confirmando, esclarecendo ou desmentindo uma informação.

Mas, quanto melhor uma fonte, maior a sua proximidade com os veículos. Sendo assim, cabe à assessoria ou ao departamento de imprensa ou de comunicação orientá-la sobre possíveis deslizes ou desgastes, resultantes quase sempre de pressões.

Um tipo freqüente de equívoco é a pressão da fonte para publicar ou sustar a publicação de uma notícia. Os veículos repelem esse procedimento, tanto mais se utilizado em nome do poder econômico, do poder político ou do tráfico de influência. Mesmo tendo sucesso numa primeira cartada, a fonte fica visada e perde crédito com os jornalistas.

Outras pressões a evitar: aquelas que procuram intrigar ou gerar a demissão de profissionais; aquelas que usam a mentira ou deformam a verdade para evitar ou dificultar a notícia; aquelas que tentam obter espaço ou tempo nos veículos só para que a fonte esteja em evidência, numa confessada manipulação de interesses; aquelas que costumam discriminar o veículo ou o jornalista, excluindo-o de uma entrevista, por exemplo; aquelas que tentam, em nome da fonte, decidir o que é notícia, negando ao veículo o critério de edição; aquelas que julgam o desempenho da assessoria pelos centímetros de matérias publicadas ou outros detalhes exteriores.

Os meios de divulgação

Todo o processo de mídia impressa (diários, revistas e demais meios de difusão, quaisquer que sejam os seus formatos) e de mídia eletrônica (rádio, televisão e sistemas informatizados) têm sua origem mais remota na imprensa, desde Gutemberg.

A imprensa data do século VI, com os caracteres gravados em madeira em uso na China. A xilogravura, processo de impressão, tornou-se conhecida na Europa por volta do século XII, ganhando prestígio a partir do século XV.

Gutemberg, ao aperfeiçoar o prelo e o sistema de impressão, com os tipos móveis, deu forma à imprensa como é conhecida contemporaneamente. De 1436 em diante, a imprensa evoluiu com a tipografia, o linotipo, a rotativa, as notícias, até os modernos avanços tecnológicos de hoje.

Essa evolução criou novos hábitos de leitura e novas formas de veiculação e de aquisição das informações. A comunicação empresarial desenvolveu-se a partir do jornal de empresa – formato pioneiro de distribuição interna – para outros modelos, mais sofisticados e eficientes, incorporando, nos últimos cinqüenta anos do século XX, a expansão tecnológica dos sistemas informativos.

O jornal de empresa conserva uma semelhança essencial com a grande imprensa: informar e formar. Os diários e revistas de circulação de massa informam e formam a opinião pública; o jornal e a revista de empresa informam e formam o público interno.

São seus objetivos: recrear, educar e orientar os empregados; estimular a sociabilidade e o espírito de compreensão entre empregados e empregadores; aproximar uns e outros, inspirados pelo sentimento de integração; divulgar as atividades sociais e os produtos da empresa.

A pauta do jornal de empresa deve abrigar matérias que instruam e eduquem, que incentivem valores morais, que fortaleçam laços humanos, que promovam intercâmbios sociais, que concorram para desenvolver a personalidade dos trabalhadores a começar pelo reconhecimento da sua dignidade pessoal.

Jornal ou revista de empresa	Informar Formar Recrear Educar Orientar Aproximar Unir

O jornal de empresa pode ser uma iniciativa dos empregadores ou dos empregados, e de ambos. Seu financiamento fica com a empresa ou é compartilhado entre empregadores e empregados. A sua direção e orientação também deve ser compartilhada. E pode ser mural, manuscrito, datilografado, mimeografado, xerografado ou impresso.

Por ser semelhante a diários e revistas, o jornal ou revista de empresa contém, geralmente, seções inspiradas na grande imprensa, como esportes, opinião, editorial, entrevistas, cinema, teatro, televisão, reportagens, etc. Mas, deve cobrir assuntos próprios como vida empresarial, relações de trabalho, coluna sindical, vida social, idéias e ações, atividades e realizações que envolvem ou distinguem empregados e empregadores.

O jornal ou revista de empresa, como acontece na grande imprensa, deve obter, selecionar e editar as notícias. Essas funções implicam em pessoal especializado ou técnico, como repórter, redator, fotógrafo, diagramador, editor e outros. O processo de produção editorial pode ser interno ou externo e, em geral, está a cargo de uma assessoria de imprensa ou de comunicação da própria empresa ou de fora dela.

A comunicação empresarial cresceu com a própria empresa, ultrapassando os limites da informação de distribuição interna.

Seu perfil atual assimila-se como uma organização decisiva para o progresso econômico e o desenvolvimento social. A sociedade tende cada vez mais a aceitar a livre empresa como fator de garantia da liberdade.

O âmbito das instituições empresariais privadas implica ações locais, regionais e internacionais, levando-as a uma realidade complexa como a de manter os cidadãos e as forças políticas e sociais devidamente informados, ao mesmo tempo que procura satisfazer aspirações de justiça social.

A empresa e o empresário protagonizam uma competição que não é só de negócios, marcas ou mercados, mas também de informações. Concorrem pelo acesso aos canais formadores de opinião pública, que são os meios de comunicação, além de manter sistemas de informações gerenciais que atuam como suportes decisórios.

Mas, é sobretudo a imprensa, a televisão e o rádio que constituem os intermediários mais adequados para a transmissão e o conhecimento das idéias, das ações, do pensamento e das opiniões do empresariado. Institucionalmente, esses meios demandam procedimentos de controle, estabilidade e mudança social.

Em sua pluralidade, os meios de comunicação produzem efeitos diferentes:

- A televisão tem a vantagem de ser o mais completo, pois condiciona a audiência, tornando-a passiva além de cativa.
- A imprensa influi mais no leitor do que a informação audiovisual, mas é menos popular, embora seja mais racional, mais reflexiva, mais permanente e mais extensiva.
- O rádio é informativo e educativo, porém passou a ocupar uma posição secundária.
- Rádio e televisão têm um alcance imediato, instantâneo, e sua audiência é mais heterogênea, contudo a sua mensagem é de difícil compreensão, dada a sua irreversibilidade.
- Pela ordem de eficácia, a televisão lidera, seguida pelo rádio e pela imprensa.

Cada meio, com seus veículos e formatos, está sujeito a limitações próprias do seu caráter técnico. As formas e os tipos de mensagem e de audiência derivam da sua natureza. A comunicação empresarial terá maior êxito nas suas relações com os meios, a partir do conhecimento e da identificação das suas características.

Informação e publicidade

Nas relações da empresa com os meios de comunicação, em particular, e na atividade dos departamentos de comunicação ou das assessorias de imprensa, em geral, quer se trate de informação empresarial ou outro tipo de informação especializada, é muito importante observar a transparência. Por transparência deve-se entender a informação dirigida aos veículos para seu uso, orientada pelo compromisso de veracidade. Esse é o fator ético que aproxima o interesse da empresa em oferecer uma notícia e o interesse do veículo em publicá-la pelo valor do seu conteúdo.

A transparência na informação, sendo um hábito em qualquer espécie de comunicação empresarial, contribui para fortalecer a confiança do veículo na fonte e a contrapartida desejável da confiança da audiência no veículo. Esta regra é válida para todo tipo de notícia, e se não for respeitada não há como esperar condescendência dos meios.

Um veículo não pode acreditar numa fonte suspeita, ora surpreendida em mentira, ora provada em manipulação. Em suas relações com os meios de comunicação, o empresário deve estar esclarecido de que não terá espaço ou tempo para suas mensagens se negligenciar com a veracidade.

Assim como é preciso conhecer as peculiaridades de cada meio para fixar a forma das mensagens e medir a sua audiência, também é necessário distinguir informação de publicidade. Uma assessoria de imprensa ou de comunicação deve estar apta a informar o empresário e a empresa (em seus níveis de decisão) sobre as diferenças entre uma e outra.

Notícia empresarial é a informação apurada na empresa ou dela originária (através do empresário ou da assessoria), com o mesmo caráter de relato dos fatos ou acontecimentos que qualifica a matéria jornalística, segundo critérios de atualidade, interesse e significado para o público.

Publicidade, ao contrário, é uma informação paga, de natureza promocional, e com o objetivo de persuadir, que se obtém geralmente pela repetição da mensagem. Na comunicação empresarial, articula-se com relações públicas, propaganda e marketing, em função de um produto, serviço ou imagem.

A informação que se origina da empresa e é comunicada aos meios para divulgação, por iniciativa própria ou por provocação do veículo, constitui um acontecimento digno de ser conhecido pelo público. Trata-se de mensagem que pode adotar a forma de simples notícia, entrevista, declaração, nota, etc.

São gêneros de informação que se revestem, todos eles, de processamento habitual da notícia, qualquer que seja o meio – jornal, revista, rádio, televisão. Somam atualidade e interesse, credibilidade e significação, situando-se no espaço ou tempo do veículo com o mesmo estilo ou a mesma pretensão de impacto das demais matérias.

A publicidade é também uma informação, mas em sentido amplo. Suas características são outras, tanto na forma quanto no conteúdo: o efeito pretendido pela informação publicitária junto à opinião pública é o de ressaltar apenas o lado positivo de um produto, serviço ou imagem, mediante técnicas que excluem a neutralidade.

O conteúdo publicitário é por isso propagandístico, o que lhe dá originalidade em relação à notícia editorial, embora não lhe retire o caráter social que também identifica a informação de interesse público. Inequivocamente, a publicidade é uma informação paga; sua função é persuasiva; seu objetivo é mercadológico.

Uma assessoria de comunicação empresarial compreende, além das relações com a imprensa, funções de publicidade, propaganda, relações públicas e marketing. Esse trabalho incorpora:

- Planejamento e coordenação ou administração da publicidade e das campanhas promocionais, de vendas, etc.

- Articulação e supervisão dos serviços das agências de publicidade ou propaganda, contratadas pela empresa.
- Criação e execução de peças publicitárias ou de estudos e programas de marketing.
- Planejamento e coordenação ou administração de estudos, projetos e ações visando a identificar, na área de relações públicas, problemas cujas soluções contribuam para melhorar o relacionamento com os públicos interno e externo (empregados, associados, colaboradores ou consumidores, fornecedores, governo, etc.).

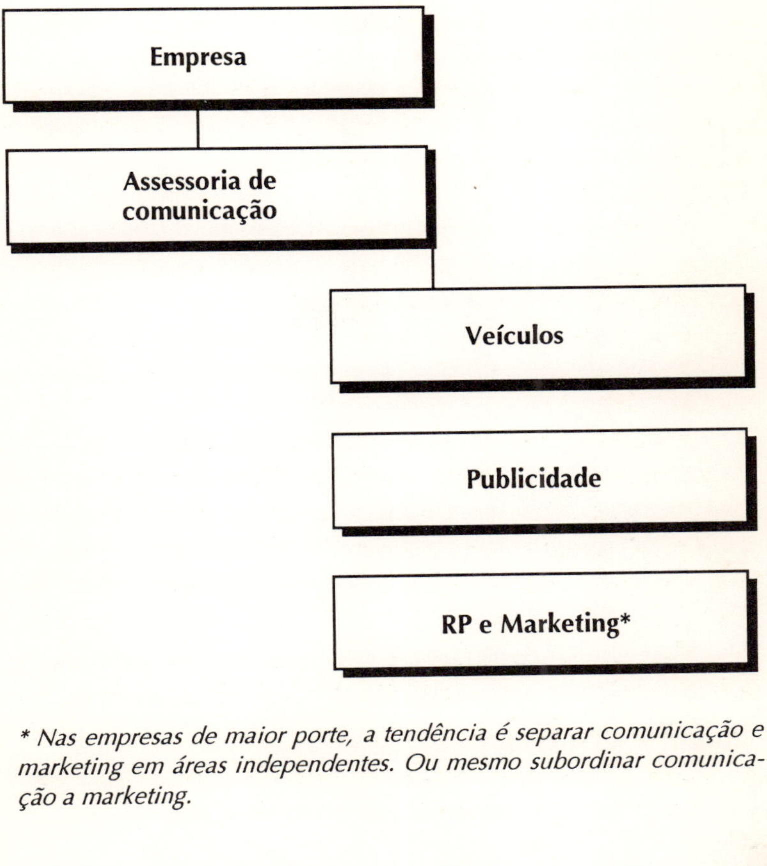

** Nas empresas de maior porte, a tendência é separar comunicação e marketing em áreas independentes. Ou mesmo subordinar comunicação a marketing.*

A atividade de relações públicas, quanto mais configurada como profissional, contribui para tornar consistentes os contatos externos. E também para passar à opinião pública a correta imagem da empresa, tendo por base: a) dados e fatos reais que esclareçam a identidade da organização, se está em jogo a sua idoneidade; b) comprovação de atitudes e procedimentos compatíveis com a ética e com os deveres sociais da organização.

Relações das Fontes com os Meios na Comunicação Empresarial

O acesso do empresário a qualquer veículo de comunicação deve considerar direitos e deveres comumente praticados nas relações da sociedade com a mídia.

Relações das fontes com os meios na comunicação empresarial

A comunicação empresarial se processa na perspectiva do mercado, seja local, regional ou internacional, mas não se limita a essa função. Os fatos do desenvolvimento econômico e social, os fatos políticos e até os eventos culturais e esportivos, da mesma forma que as relações humanas e profissionais, interessam à empresa e interferem no seu sistema de informações.

O crescimento do setor privado na economia de um país e a expansão do seu papel no mercado mundial convergem para acentuar as funções da comunicação empresarial. Tanto o empresário privado quanto o *manager* profissional terão sempre maiores e complexas atribuições pela frente e para isso dependerão de sistemas eficazes de informação.

A empresa, porém, não pode assumir sozinha os encargos de custosos sistemas de informação. Daí a importância da edição de estudos e outros trabalhos, notadamente de pesquisas, a cargo das instituições de cúpula do empresariado. São diagnósticos, avaliações, projeções,etc., sobre a situação econômica do país e a conjuntura internacional, capazes de orientar decisões e prover necessidades até de médias e pequenas unidades de produção.

No conjunto, esses papéis ou peças empresariais de circulação interna e de circulação externa, qualquer que seja o seu formato, difundem de maneira global o pensamento e a ação da empresa. É através deles que a sociedade, o governo e outras entidades podem compreender, analisar e julgar as idéias e posições do empresariado.

Por sua vez, o acesso do empresário, diretamente ou por intermédio de uma assessoria, a qualquer veículo de comunicação, deve considerar direitos e deveres comumente praticados nas relações da sociedade com a mídia, na sua maioria protegidos pela legislação específica, e situados num horizonte de responsabilidades jurídica, social e política:

- Cada veículo – jornal, revista, rádio, televisão – segue uma linha editorial – conjunto de princípios morais ou éticos que justificam as suas posições políticas ou ideológicas. É em torno dessa linha que a redação e cada funcionário do veículo se guia para elaborar ou tratar toda matéria – editorial ou ineditorial – a ser publicada.
- Nas suas relações com os meios, o empresário deve ter em conta que, por ação de um princípio ou de uma convicção ideológica, um veículo pode vetar determinada opinião ou declaração de alguém, determinado modelo ou julgamento em nome da liberdade de empresa ou da economia de mercado, isto é, concordar ideologicamente com a fonte, mas discordar da forma de expressar essa ideologia.
- Legalmente, todo e qualquer cidadão tem o direito de resposta quando se considerar ofendido ou atingido por uma publicação. Trata-se de princípio constitucional, e o veículo é obrigado a acolher uma retificação, um esclarecimento ou uma réplica no interesse do conhecimento da verdade pela opinião pública.
- Convém distinguir, nas relações com os meios, formas de recepção e elaboração das matérias, de modo que as informações ou mensagens produzidas para publicação convirjam para as pautas naturalmente. Essas formas de transmissão envolvem o fax, o telex, o telefone, o contato pessoal, o correio, o portador para entrega em mãos, etc., dependendo sempre do conteúdo da informação e da conveniência do veículo.
- Seja a empresa, como expressão coletiva, seja o empresário, nas suas relações com os jornalistas e outros profissionais da

informação, devem ter em conta que são basicamente intermediários entre a fonte (ou emissor) e o destinatário (ou público). São os editores que, enfim, decidem sobre a publicação, mediante critérios éticos bastante conhecidos, não cabendo, portanto, nem à empresa nem ao empresário violar por meio de tráfico de influência ou suborno tais princípios.

- É importante que tanto a empresa quanto o empresário saibam que a publicação de uma notícia, qualquer que seja o meio, obedece a um complexo sistema de edição, no qual cada profissional desempenha uma função diferente, não lhe cabendo influir sozinho na decisão de publicar. Uma assessoria de imprensa ou de comunicação pode e deve atuar no sentido de orientar a empresa ou o empresário e ajudá-lo a compreender o que é informação, publicidade, relações públicas, *lobby,* etc.
- De modo geral, os meios se apóiam em valores de objetividade e imparcialidade para decidir se publicam ou não uma informação. Recursos que apelam para sentimentos como simpatia pessoal ou poder econômico costumam ser classificados por veículos independentes como violações de sua ética profissional. Quando isso acontece, uma empresa e um empresário podem estar sujeitos a enfrentar problemas de perda de confiança ou hostilidade nas suas relações com os veículos.
- Como fazer, então, para aprofundar relações humanas e profissionais? O empresário pode fazê-lo por meio de estritas relações de trabalho, tendo por valor maior a informação. Deve saber *para que* informar – para ampliar o seu espaço na sociedade, para dar conhecimento de suas idéias e realizações, para completar ou esclarecer notícias, e para cooperar com a finalidade informativa dos meios. Deve saber *quando* informar – por sua própria iniciativa (no interesse da empresa, do setor a que pertence ou para dar à opinião pública conhecimento de um fato digno de registro), ou por iniciativa do veículo (que procura o empresário para uma entrevista, um comentário, uma declaração ou uma simples repercussão de um fato).

Formas de transmissão da comunicação

As formas de transmissão da comunicação empresarial são, a rigor, as mesmas dos habituais contatos entre as fontes e os meios. O tráfego das notícias segue os processos costumeiros, desde o *press-release* até a entrevista individual ou coletiva.

- Quando a informação é breve, o mais recomendável é o simples comunicado ou a simples nota para a imprensa (que serve, igualmente, ao rádio e à televisão). Nesse caso, a redação do texto há de se concentrar no fato principal, valorizado pelo seu caráter noticioso e não por qualquer outro aspecto.
- Se há um assunto importante a ser divulgado pela empresa (via porta-voz) ou pelo empresário (ele mesmo assumindo a responsabilidade da convocação dos jornalistas), a forma é a declaração, quanto mais formal, tanto melhor. Nesse caso, faz-se o comunicado escrito, e a fonte coloca-se à disposição para perguntas.
- Essa forma de declaração se aproxima da entrevista individual e da entrevista coletiva. Ambas, como a declaração, convergem sempre para uma importância, uma eminência ou uma originalidade da informação a ser dada. Ambas, também, exploram a técnica da pergunta e da resposta, em busca de objetividade e transparência. Mas, tanto a entrevista individual quanto a coletiva só se justificam pela relevância dos assuntos nelas abordados. Por isso mesmo, demandam preparação, a começar por um prévio exame de natureza dos temas a serem abordados e da capacidade do entrevistado para fazê-lo. É preciso considerar que na entrevista não cabem improvisações ou perguntas sem respostas, fatores que enfraquecem a posição do entrevistado. Convém, ainda, que o entrevistado conheça as técnicas da entrevista (orientado pela assessoria), para que possa conduzir adequadamente suas intervenções, capitalizando as diferenças entre imprensa e rádio ou televisão.
- Nas relações da fonte com os meios, outras formas de produção de notícias são praticadas, como a declaração em *off*

(abreviatura de *off the record* ou falar sem referência ao autor). Trata-se de informação confidencial, que, embora assumida pelo veículo, não se justifica num modelo de comunicação baseado na liberdade de expressão e na democratização das notícias. Menos conhecida no Brasil, mas usual em outros países, a forma de *background* deriva do *off* de modo a atuar como uma informação confidencial para o exclusivo domínio do informador. Nesse caso (mais comum no noticiário político ou de moda) o jornalista banca e assume a informação sem o direito de atribuí-la a uma fonte que não se quer identificar.

Qualquer que seja o gênero de notícia e qualquer que seja o veículo, deve-se considerar um texto curto e claro, em ordem decrescente de interesse. Para ser reproduzido na mídia impressa, para gravação ou para ser apresentado na mídia eletrônica, o texto deve ser breve, de modo a facilitar não só a sua compreensão, mas também a sua difusão.

Na entrevista, embora mais formal, deve-se considerar a mesma técnica de brevidade e clareza. Ainda mais porque, conciliando ordenação prévia com improviso, a entrevista tende a ser naturalmente prolixa, o que compromete a paciência do público e põe em dúvida a objetividade da fonte.

Perguntas curtas e bem formuladas inspiram respostas breves e satisfatórias. Esta regra serve para todos os meios, desde que tanto o tempo (rádio e televisão) quanto o espaço (jornal e revista) são sempre críticos ou de alto custo nos veículos de comunicação.

É preciso considerar que sendo a mensagem de massa transportadora de estímulos culturais para influir no destinatário – e uma comunicação de natureza social que se realiza por meio de emissão, transmissão e recepção – nem por isso está isenta de regras ou de técnicas que afetam suas formas e conteúdos.

São métodos e fórmulas que dizem respeito à linguagem, modelos de códigos para a escrita ou para a fala ou para a imagem baseados na estética, na motivação, na simpatia, no ícone, no som, etc. Esses recursos de apresentação da informação envolvem significados e facilitam as relações sociais.

A informação impressa é principalmente interpretativa (voltada mais para *o como* e *o por quê* dos acontecimentos). A escrita (uma notícia, reportagem ou editorial) revela, explica e comenta, e não raramente torna-se extensiva. Os veículos audiovisuais, ao contrário, projetam uma informação sumária. O rádio e a televisão fazem um contato direto da fonte com a audiência.

Outras características marcantes dos audiovisuais são: o âmbito e a heterogeneidade da informação, mais amplos que na imprensa; a diversificação do público, que incorpora os analfabetos; a individualização da audiência. A sua linguagem é fugaz e irreversível, mas seu público é cativo. A imprensa, contudo, mantém a vantagem da mensagem permanente e reversível.

Ter em conta essas peculiaridades facilita o desempenho do entrevistado. Na mídia eletrônica convém ser informal, renunciar ao tom discursivo ou solene; lembrar que a atenção do ouvinte ou telespectador é integral nos primeiros trinta segundos, e que se pode dissipar totalmente a seguir, se quem fala não for direto aos fatos; seja no rádio, na televisão ou na imprensa, é melhor começar pelo essencial, dispensando digressões: dando às idéias um sentido de originalidade e ao pensamento uma dimensão de utilidade, com algum toque de humor.

Se for possível traçar um esquema comum (para os meios, em geral, e o rádio e a televisão, em particular), convém observar prioritariamente: brevidade (no tempo e no espaço), concisão (de conceitos) e clareza (idéias de fácil assimilação); explicar ou mostrar números com parcimônia, arredondando-os; começar pelo principal; ir direto ao objeto da apresentação; ir do particular ao geral; comparar sempre que possível; não deixar pergunta sem resposta; ser natural e espontâneo.

Importância e Pluralidade dos Sistemas de Informações

No nível organizacional, o sistema de informações ganha pluralidade e adquire importância tão grande, que, sem ele, não há eficiência ou operacionalidade, suportes decisórios ou integração.

Importância e pluralidade dos sistemas de informações

Um sistema de informação não é apenas aquele que se destina a comunicar interna e externamente o que a empresa tem para tornar público. No nível organizacional, o sistema de informações ganha pluralidade e adquire importância tão grande, que, sem ele, não há eficiência ou operacionalidade, suportes decisórios ou integração.

Os sistemas de informações gerenciais, assimilados a longo e curto prazos com o planejamento estratégico e os controles gerencial e operacional, completam e ampliam as funções da comunicação interna e externa, de modo a assegurar à administração um processo decisório correto.

Tomada como a emissão ou recepção de conhecimento ou inteligência, a informação pode adquirir muitas vezes o caráter científico de uma arquitetura representada pela projeção e construção de estruturas. Nesse caso, o que chamamos de arquitetura de informações concilia os sistemas de comunicação para o público interno/externo e a informática como tecnologia de gestão.

A palavra sistema quer dizer convergência de processos ou elementos interdependentes da qual resulte uma visão de unidade ou totalidade. De modo geral, sistema corresponde a uma reunião de coisas ou a uma ordenação de partes em um todo, isto é, um conjunto ordenado que deriva de propriedades ou elementos inter-relacionados.

Por sua vez, planejamento estratégico, na empresa, significa definir para onde ela quer caminhar, de que modo realizar os seus objetivos, e em quais latitudes precisa atuar para ser competitiva e crescer no mercado. Em ambos os casos, os sistemas de informações exercem funções que conduzem a conhecimento, competência, produtividade, eficácia, qualidade, rentabilidade, responsabilidade social, etc., estabelecendo padrões de conduta e graus de participação.

Reconhecida como elemento vital de uma empresa, conforme Richard Nolan, da Harvard Business School, a informação transcende o conceito de técnica para se situar no de cultura. Duas tendências principais, dentre muitas, marcam o comportamento da empresa moderna: enfoque no consumidor e uso das tecnologias da informática.

Se, de um lado, a empresa pode obter vantagens de competição com apoio na tecnologia – fazendo uso estratégico da informação –, de outro, a informática cria a possibilidade de um novo modelo organizacional – tornando a empresa lugar, agente e intermediária de poder, seja ela de que gênero for: comercial, industrial ou de serviços.

Tais faculdades exigem da comunicação empresarial uma base tão complexa quanto eficaz, não só para permitir à empresa e ao empresário decisões acertadas mas também para satisfazer a consciência do público, agora valorizada pela percepção rápida e radical dos seus direitos de consumidor, uma conquista da cidadania.

Além de tudo, os sistemas de informação da empresa ajudam a entender questões que até recentemente eram ignoradas ou simplesmente omitidas da legislação – como, por exemplo, normas e regulamentos ambientais. A empresa despertou para a evidência de que conhecimento é poder, num tempo em que as regras da sociedade e do mundo dos negócios estão mudando.

O ambiente empresarial em que se valorizam os investimentos em informação e nos seus sistemas reflete sensibilidade e integridade. A empresa que não se mostrar preocupada com isso poderá enfrentar conseqüências desastrosas. Nesse contexto, decisões sobre ética abrangem não só jornalistas e outros comunicadores envolvidos com publicações rotineiras, mas também gerentes de informática que se devem ocupar da integridade da informação e de problemas morais relacionados com o pessoal do setor.

Por isso mesmo, é importante não só que a comunicação empresarial seja bem equipada e possa se desenvolver num clima de valorização das relações humanas e profissionais, mas também que reflita o âmbito próprio da empresa numa atmosfera de liberdade econômica, política e social.

Comunicação integrada entre empresa e cúpula organizacional

Os sistemas de informação da empresa devem estar capacitados a uma permanente cooperação entre os empresários e suas organizações de cúpula. Num horizonte de internacionalização da economia, que não exclui os pequenos produtores, a comunicação empresarial passa de um âmbito local para um plano mundial.

Em uma dimensão – a da estrutura organizacional da empresa – a cooperação se efetiva para trocar experiências administrativas, processar dados, manter consultas técnicas, esclarecer estratégias, etc. Em outra dimensão – a da estrutura informativa – a cooperação expõe, debate, analisa e estuda assuntos concretos da função dos sistemas de comunicação.

Nas duas direções, as empresas e as entidades de representação nacional e internacional acessam os sistemas para intercambiar propostas e soluções para aperfeiçoamento das suas atividades essenciais. Esse entrosamento técnico e operacional envolve desde aspectos legais em cada país até periódicas realizações de seminários, mesas-redondas e outros eventos de promoção de vendas e de idéias.

Essas atividades institucionais da empresa, no território das organizações de cúpula – local, regional, nacional e internacional – freqüentam os campos da comunicação interna – publicações e som e imagem reservados – e da comunicação externa – além dos veículos de massa, impressos, audiovisuais e toda documentação divulgada para justificar ou promover ações junto à opinião pública ou a parcelas da sociedade – governo, partidos políticos, consumidores, sindicatos de trabalhadores, organizações não-governamentais e outras entidades.

Informações que a empresa processa	**• Público interno e externo • A empresa na visão dos meios • Imagem pública da empresa • Acesso à informática • Planejamento estratégico, operação e controle gerencial**
Reprocessamento das informações pelas entidades de cúpula	**• Estudos, análises, pesquisas e outros indicadores do setor ou gerais • Suporte do sistema de informática • Recursos de apoio: publicações, biblioteca, videoteca, banco de dados, etc. • Conexões com as redes nacionais de informação empresarial • Conexões com as redes internacionais de informação empresarial**

Processamento de informações

Um modelo de comunicação integrada entre a empresa e sua entidade de cúpula leva à cooperação permanente e a um adequado processamento de informações. A empresa atua como produtora de mensagens na comunicação dirigida, isto é, num nível de cobertura factual, enquanto a representação do setor ocupa-se da comunicação institucional.

No caso da empresa, os sistemas de informações voltam-se para seus públicos específicos – o público interno, o público externo, a promoção de vendas, os interesses de mercado, etc. No caso da entidade de cúpula, os dados recebidos da empresa são avaliados, selecionados e interpretados para valorizar análises, pesquisas ou formular ideologias.

O âmbito da empresa, por ser mais promocional, é limitado. O âmbito da representação de classe, por ser mais institucional, é amplo, situando-se numa perspectiva em que a difusão de notícias envolve o interesse público, as relações diretas com a sociedade, as políticas, as práticas e os objetivos do setor – industrial, comercial, serviços.

O processamento das informações dentro desse modelo de comunicação respeita a liberdade da empresa em suas relações com o público externo, mas dá à entidade de cúpula a função de intérprete do setor produtivo junto às áreas sociais de influência. Seu objetivo é conservar a autonomia da empresa e reforçar o conteúdo ideológico da entidade de cúpula.

Assim, as redes de informações envolvidas – a da empresa, restrita ao seu campo de atividades, e a da entidade de cúpula, irrestrita pela sua condição institucional – reforçam-se e renovam-se não só no interesse da produção de mensagens, mas também na formulação e execução de idéias – em uma palavra, a ideologia da organização empresarial.

Tais critérios de processamento das informações na comunicação empresarial emergem do próprio conceito de processo na comunicação geral. Da mesma forma como cada situação de comunicação é diferente de outra, a palavra processo não tem um sentido comum. Contudo, quer dizer basicamente um fenômeno que muda constantemente no tempo, algo como uma operação ou procedimento contínuo.

Portanto, processo implica em acontecimentos ou relação em constante movimento. O processamento de dados na experiência da conservação de estoques de informação, primeiro convencionalmente e depois com as tecnologias avançadas, se identifica com o tratamento em vigor nos sistemas da comunicação empresarial.

Integradas, as redes de informações da empresa e da entidade de cúpula tendem a aperfeiçoar a produção de mensagens, no interesse de ambas as partes. É assim que atuam na prática: a empresa movendo-se no plano dos fatos e eventos cotidianos, e a entidade de cúpula acompanhando os acontecimentos e buscando novos ângulos, de modo a enriquecê-los como ingredientes úteis ao conhecimento da sociedade.

Nesse horizonte de funções delimitadas, um sistema completa o outro. E, de modo concreto, o aparato institucional da entidade de cúpula supre a empresa não só com as informações reprocessadas, mas também com dados estatísticos, análises, estudos e pesquisas, além de cursos, seminários, programas de formação e treinamento.

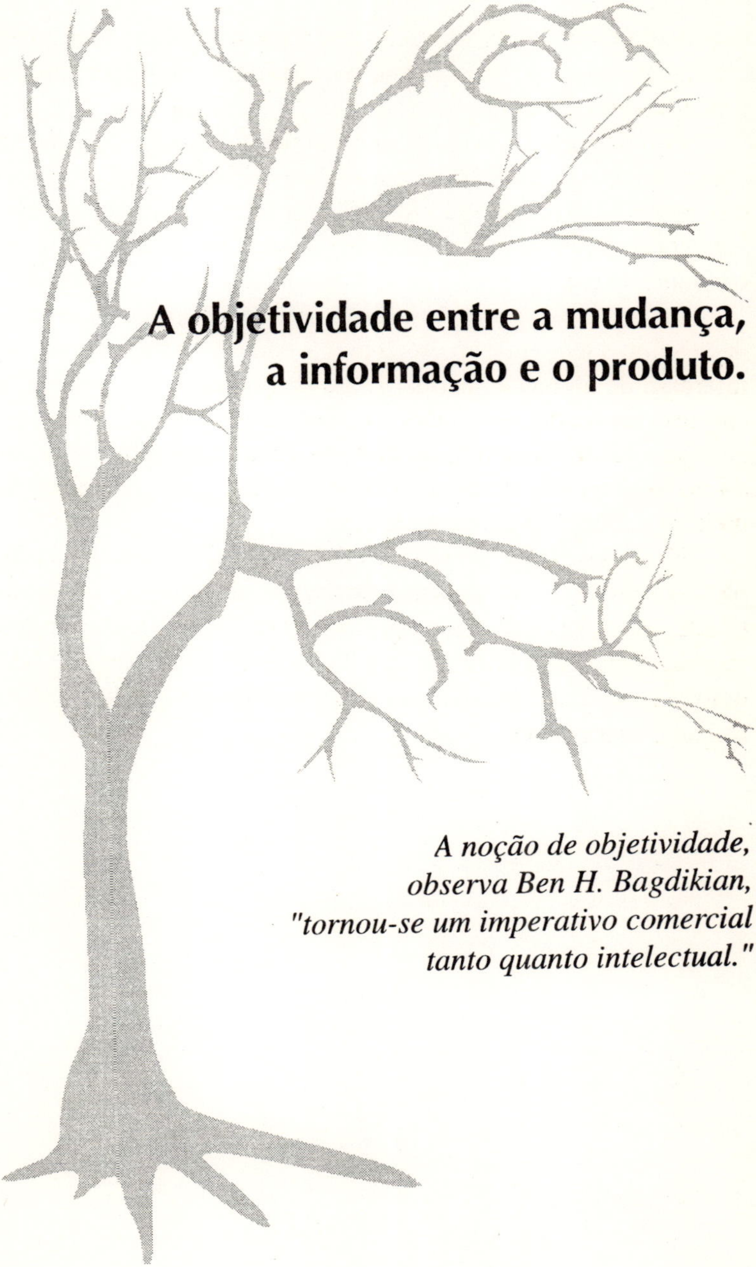

A objetividade entre a mudança, a informação e o produto.

A noção de objetividade, observa Ben H. Bagdikian, "tornou-se um imperativo comercial tanto quanto intelectual."

A objetividade entre a mudança, a informação e o produto

Todos sabem que, entre as funções primordiais da comunicação de massa, está a de conciliar o gosto popular com a ação social organizada. Nesse sentido, pode-se falar de uma perfeita convergência de objetivos: a comunicação empresarial interpreta a mudança social como um sinal de despadronização, e os veículos, como um sinal de diversificação, segmentação.

Se na era industrial, as máquinas operaram no sentido da padronização, na era superindustrial em que vivemos, elas operam no sentido da despadronização. Em comunicação, particularmente em jornalismo, dá-se o nome de segmentação à técnica que despadroniza ou diversifica para satisfazer a individualização do consumo.

Nesse contexto social por excelência, os veículos de informação se multiplicam e se diferenciam, refletindo uma tendência semelhante na transmissão e recepção das mensagens. As grandes redes nacionais de comunicação, que passaram antes por experiências centralizadoras da produção, revertem seu papel para a descentralização.

Os elementos dessa radical mudança são vários, da TV por cabo ao videocassete, das edições regionais dos diários às assinaturas de livre escolha (e não apenas anuais ou semestrais), das edições especiais ou informes econômicos à vulgarização dos fascículos, e assim por diante. É um sistema que flui para atender indivíduos ou pequenos grupos, sem prejuízo da quantidade ou da qualidade das mensagens.

É um processo de produção análogo ao que vem ocorrendo no mercado, ditado pela competição de qualidade entre os maiores produtores industriais e comerciais de artigos de consumo em geral, de serviços e outras categorias. Produtos diferentes de um mesmo produtor atendem a necessidades diferentes do mercado, da mesma forma que mensagens diferentes destinam-se a grupos diferentes ao mesmo tempo.

Alvin Toffler, um dos primeiros a reconhecer esse fenômeno, observa: "Não há praticamente nenhum empreendimento hoje que não esteja multiplicando os tipos, modelos, marcas, tamanhos e outras variações em suas linhas de produtos. A indústria da moda oferece apenas o exemplo mais notório. Em vez de uma única "moda" padronizada, há agora uma fantástica variedade de vestimentas aceitáveis."

A diversificação da moda obviamente não se limita aos trajes. Os sapatos tradicionais como forma de proteção diversificaram-se a partir dos tênis, que por sua vez seguem modelos típicos para exigências típicas, tudo em nome das características de uso, naturalmente respaldadas por conceitos "científicos". O tratamento que se dá aos cabelos também segue uma despadronização tão múltipla quanto individual.

Esse efeito da produção pós-industrial muda o conceito do produto e o conceito da comunicação. Quanto maior a pressão para a personalização, mais importante é a função das redes de informação da empresa, que devem estar conjugadas para suprir não só demandas decisórias no plano administrativo, mas igualmente demandas de consumo — estas lastreadas tanto na promoção publicitária quanto no reconhecimento das qualidades inerentes ao produto.

O Brasil em questão

A comunicação empresarial, mobilizada para sustentar a imagem ou o perfil de um produto, deve considerar desde logo:

1) o fato de estar no interior de um mercado superindustrial; e

2) a natureza individual, fragmentária — numerosa, sim, mas também temporária — do consumidor.

No Brasil, uma crítica que se faz às agências de propaganda é sobre a sua insensibilidade para fatores essenciais da nossa cultura, de modo que a exclusão quase sistemática de negros nas mensagens comerciais serve para realimentar ou consolidar manifestações de preconceito racial e discriminação de classe.

É preciso considerar que o mercado, no qual atua preferencialmente a comunicação empresarial, deixou de ser sólido ou homogêneo para se tornar segmentado, heterogêneo. De passivo, o mercado passou a ser diverso, múltiplo, variado. De impessoal, passou a ser personalizado. Nesse sentido, menos macro e mais micro, aflorando as suas contradições, os seus gostos, as suas emoções ou seus pendores étnicos, religiosos, etários, ideológicos, etc.

Esse tempo de fragmentação e das subculturas da sociedade — determinando novos padrões políticos, econômicos, etc — deve ser considerado pela comunicação empresarial apenas como um novo tempo — que sendo variado social e culturamente — é acima de tudo complexo, diverso, desafiador. Novos valores estão em jogo, e não apenas novos produtos nas prateleiras do consumo.

No Brasil, planos econômicos, como o Cruzado e o Real, têm um efeito de melhorar (ainda que não significativamente) a renda dos assalariados de nível inferior a 3 mínimos. E à medida que consolidam resultados contra a inflação, também atendem padrões de necessidade da classe média. Neste sentido, contribuem para reduzir o índice de uniformidade da população, criando mais possibilidades de consumo.

Uma substancial alteração nos recursos disponíveis em tecnologia avançada, nos últimos anos, ajuda o país a acentuar, em determinadas atividades, a despadronização, a diversificação ou a individualização do mercado. Na medida que a sociedade amplia o seu estoque de ferramentas superindustriais, o mercado econômico passa a exigir intérpretes mais qualificados para a mudança.

Nesse horizonte, a comunicação empresarial expande o seu papel. Desde os anos 90, registra-se um crescimento da empresa privada dentro da economia, que coincide com maior prestígio do *manager* profissional, e também com expansão dos sistemas de informação. O Estado retrai a sua participação na economia e abre lugar para uma maior presença da empresa privada, monitorado pelas reformas constitucionais.

"Valor agregado"

Chama-se "valor agregado" a estratégia que leva uma empresa ou uma corporação a dinamizar suas inserções no mercado com produtos que, na variedade ou fragmentação, conservam os elementos básicos da tecnologia de produção. Busca-se a despadronização ou personalização, com um marketing agressivo e uma sinergia entre distintos negócios que destacam: competitividade compatível com rentabilidade, liquidez, produtividade, eficiência, qualidade e agilidade operacional.

Esse "valor agregado" é uma cadeia de vantagens ou uma fonte vital para o reforço dos produtos e marcas, seja nos mercados tradicionais, seja nos novos mercados. Com ele a empresa ou corporação pode desenvolver uma consistente política de lançamentos apoiada em firme presença nos meios de comunicação, utilizando recursos próprios que vão da logotipia à computação gráfica, da campanha publicitária aos argumentos de prestígio, do *design* aos novos materiais, dos pontos de venda ao crescimento geográfico da rede de distribuição.

Trata-se de reforçar conceitos e características, qualidades e inovações de produtos e marcas que só conquistarão a preferência do mercado mediante uma adequada política de comunicação. Isso é essencial para a empresa e deve constituir uma prioridade para o sistema que opera interna e externamente visando a sua imagem e a sua aceitação.

Objetividade

A comunicação empresarial converge no mesmo sentido do veículo de comunicação, e não poderia ser de outra forma. Ambas as instituições guardam, no mercado econômico, uma tendência comum que é a objetividade, tão útil quando a mercadoria é a notícia ou um outro produto qualquer. A noção de objetividade, observa Ben H. Bagdikian, "tornou-se um imperativo comercial tanto quanto intelectual".

Embora discutível, principalmente no jornalismo, a objetividade adquiriu com o tempo o caráter de doutrina. E "uma defesa — lembra Bagdikian — contra a suspeição latente, freqüentemente confirmada, de que homens que controlam as organizações noticiosas gostariam de valer-se delas para patrocinar seus próprios valores sociais e políticos."

No caso da empresa ou corporação não noticiosa, ocorre também o fato de o conceito de "livre empresa" ser freqüentemente confundido com sentimentos ou propósitos que se destinam a sonegar direitos sociais ou a distorcer realidades conjunturais. Então, a objetividade na comunicação empresarial atua para reduzir ou eliminar a suspeição latente de uso da informação como instrumento de manipulação ou de pressão do poder econômico.

Bibliografia

AXLINE, L. e PASTIN, M. ***The high-ethics is manager***, in *Information Executive*. Illinois, Park Ridge, 1989, apud CNI.

BAHIA, Juarez. ***Jornalismo, informação, comunicação***. São Paulo, Livraria Martins Editora, 1971.

DRENNAM, D. ***Are you getting through?***, (in *Management Today*. Londres, 1989.), apud CNI.

Federação Nacional dos Jornalistas Profissionais. ***Manual de Assessoria de Imprensa.*** São Paulo, 1986.

HOEPPNER, Hélio e MARIANO, Oswaldo. ***Seminário de Orientação de Jornal de Empresa***. São Paulo, Serviço Social da Indústria, 1957.

MASER, Siegfried. ***Fundamentos de teoria geral de comunicação***. São Paulo, Editora Pedagógica e Universitária, e Editora da Universidade de São Paulo, 1975.

MORANTE, Jesus Monroy e HERRERO, José Antonio Llorente. ***Comunicación y organizaciones empresariales***. Madri, Confederación Española de Organizaciones Empresariales, 1984.

NIZARD, G. ***Le maillage de l'information***, in *Personnel.* Paris,1989, apud CNI.

BAGDIKIAN, Ben. ***Máquinas de informar***, Civilização Brasileira, Rio de Janeiro, 1973.

TOFFLER,Alvin. ***A empresa flexível***, Editora Record, Rio de Janeiro, 1985.

Impressão e acabamento
FACE ÚNICA
Rua Filomena Nunes, 395
Olaria - Rio de Janeiro - RJ
Fone: (021)590-1081